AF193581

Círculo Rojo

El corazón de Marieta

El corazón de Marieta

MARIETA

Ilustraciones: Licia García

Círculo Rojo
EDITORIAL

Primera edición: enero 2024

Depósito legal: AL 3970-2023

ISBN: 978-84-1061-333-1

Impresión y producción: Editorial Círculo Rojo

© Del texto: Marieta
© Ilustraciones: Licia García
© Maquetación y diseño: Equipo de Editorial Círculo Rojo

Editorial Círculo Rojo

www.editorialcirculorojo.com

info@editorialcirculorojo.com

Impreso en España - Printed in Spain

Editorial Círculo Rojo apoya la creación artística y la protección del copyright. Queda totalmente prohibida la reproducción, escaneo o distribución de esta obra por cualquier medio o canal sin permiso expreso tanto de autor como de editor, bajo la sanción establecida por la legislación.
Círculo Rojo no se hace responsable del contenido de la obra y/o de las opiniones que el autor manifieste en ella.

El papel utilizado para imprimir este libro es 100% libre de cloro y, por tanto, ecológico.

Bienvenidos a mi corazón.

¿Por qué
El corazón de Marieta?

En efecto, de ahí salen todos los sentimientos
humanos, aunque, objetivamente, es el cerebro y los
químicos que lleva.

Pero nada en este libro es objetivo, así que pensemos
en el corazón como un baúl de recuerdos que nos
hace expresar cosas de nuestro fondo al que a
muchas personas les da miedo mostrar.

Los artistas no hacen nada que no se base en su
propia experiencia y sentimientos.
Desde que era pequeña, yo he sentido mucho y,
sinceramente, no me ha dado vergüenza expresarlo.
Digamos que es como una especie de superpoder: el
poder de hacer sentir.

Una vez comentado esto, ahora sí,
disfrutad de mis metáforas.

*(Si me conoces y te sientes identificado con alguno
de los poemas, sí, efectivamente, van para ti).*

Dedicado con cariño a mi abuela,

que me inspira desde las estrellas.

sacrificio

Solo estamos ella y yo.

Me está mirando
con una expresión oscura.

Me aterra ver lo que está pensando.

Mi piel está cada vez más chupada,
aunque no lo suficiente para el día de la prueba.

Ella sigue ahí,
con su aura negra.

No puedo parar de pensar en ella
como un enamorado solo piensa en su dama.

Le rindo culto:
que mis huesos
le pertenezcan.

Amarre

No tengo empatía.

Te tiro como una colilla de Marlboro.
No siento ningún arrepentimiento.

Solo el morbo de saber que fui importante para ti.

Quiero marcar mi quemadura en ti.
Quiero marcar tu alma.

No me olvides nunca.
Soñarás conmigo y lo que pudimos ser.

Se hace de noche y cada vez veo menos lo que hago mal.
Pero duermo y todo es olvidado, como si nuestras almas
nunca se hubieran conectado.

Corazón protegido

Hay un candado
y la habitación está oscura.
La llave es negra
y cerrada quedará para siempre.

Dejo fuera las cosas que deberían estar dentro.
Me duele, me duele no poder abrir el candado.

El día que pueda abrirlo,
podrá dar todo el amor que no pudo dar
mientras la llave la perdió a quien dejé entrar.

Determinismo

Porque ya no sirven las sonrisas
ni los mil poemas de amor,
tampoco esas miradas llenas de ilusión
que se asemejaban a estrellas en el cielo.

El amor no es para todos,
solo para quien está destinado a él.

Como un mechero sin gas,
por mucho que lo fuerces,
la llama no saldrá
porque no tiene ese componente
para brillar.

Lo acepto como mi determinado destino,
como una cualidad
(o, mejor dicho, anticualidad),
asignada el 3 de julio del 2004.

Resumen

Eres el conjunto de todos esos elementos bonitos usados en metáforas.

soñadores
despiertos

Me convertí en ti

¿Llorar por ti?
Realmente, creerás que sí,

pero no.
Me quitaste algo más.
Llegaste a otro nivel.
Llorar no es lo mismo, llorar es fácil.

Pero yo me lo tragué
y lo escupí en forma de reproches, cartas, poemas y
rechazos.

Ojalá haber llorado por ti.

Hojas

Espero que algún día,
esas mañanas con aire de verano, revolotee tu pelo al
salir a pasear.

Asimiles que yo era la correcta
y soltaste esa oportunidad
como si soltaras un pájaro de tu mano.

Esa hoja del parque voló con el aire.
Se volvió a postrar en tu camino
tiempo después de haber estado revoloteando a saber
dónde.

Pero tú tampoco te fijaste en ella,
como pasó conmigo, supongo.

No habrá más hojas en ese parque.
El otoño las hizo caer.

Consecuentemente,
te preguntarás, por qué me dejaste ir.

Ojo

De tanto pensar en ti
las pupilas se me dilataron tanto
que negro se volvió mi ojo.
Ahora ya no veo,
no veo a nadie que no seas tú.

Espero que esta ceguera pase
y de entre todas esas caras borrosas
pueda encontrar a alguien
que se parezca a ti.

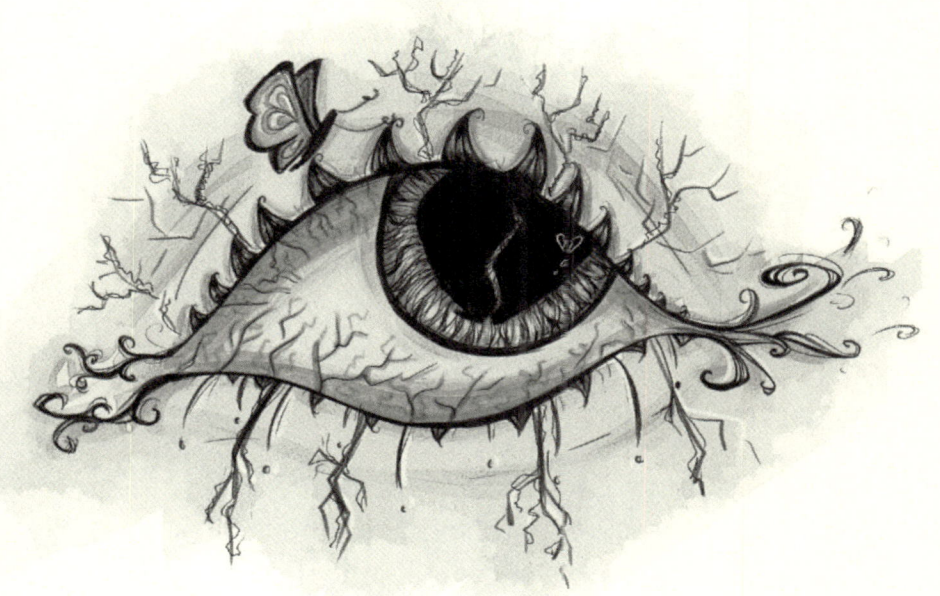

Baile de órganos

Se me tensa la sonrisa.
Quiero bajarla.
Tu presencia hace que los músculos
se agarroten.

Los ojos se mueven agitadamente buscándote,
igual que mi corazón bombea rápidamente.
Los dos bailan juntos, coordinadamente, por un
destino común.

Madurez

Aún me veo como si los años no me hubieran
afectado.

Los niños ya eran selectivos.
Su crueldad empieza a desarrollarse
y me clavó hasta hoy.

Las chicas de mi edad
lloran, gritan y vomitan
por razones incuestionables.

El llorar, el gritar y el vomitar
solo se debía a mi doloroso
rechazo de un niño de primaria.

Piscina

Hice carrerilla.
Ilusión.
Los pies se raspaban con la piedra del bordillo.
Inseguridad.
Lo ignoré y salté.
Vértigo.
Mi cuerpo chocó con el agua de la piscina.
Satisfacción.
Pero me di cuenta de que estaba helada.
Desilusión
Y que, por mucho que mirara alrededor, no había por
donde agarrarme para salir.
Dependencia.
Moví mucho los brazos intentando abrazar al aire.
Desesperación.
Me ahogué
y, a partir de ahí, le tuve fobia a las piscinas.
Entendí a las personas sin corazón:
se zambulleron, se ahogaron y no quisieron volver a
meterse.

Narrativa cinematográfica

Vives en una nube.
Casita bonita con jardín,
un perro y un pequeño lago con peces payaso.

Los ojos cada vez son más profundos.
Los miras y sus pestañas se alargan.

Tu cerebro lleno de planos detalle,
planos detalle que disfrutas,
planos detalle que después querrás olvidar.

De repente, la nube es gris.
La casita se ha derrumbado,
el perro está desnutrido
y el lago se secó, los peces murieron.

Ya no son planos detalle,
ni siquiera medios.

Ahora solo es un gran plano general y tú estás en
tercer término.

Deseo

Un violín, sus curvas son un violín
y deseas tocarlas tan bien
como un músico toca la sinfonía.

Sangre, su pelo rojo brillante.
Lo que un minero anhela:
los rubíes.

Corazón, sus labios eran redondos.
Como un corazón
accesible para ella.

Nunca,
en millones de años
ni de rubíes y violines

mis labios se posarán en su corazón.

Mi droga

Tengo el corazón apagado.
Es rojo, sangre seca.

Muchísimos ojos lo miran,
muchos corazones le miran.

Tengo el corazón brillante.
Es rojo, sangre fresca.

Los ojos no miran más.
Los corazones se vuelven indiferentes.

Tengo el corazón sin sangre.

Desesperación

Las nubes se sienten ajenas.
No son nuestro centro de atención.

Aquella pobre nube
un día soltó fuertes rayos.
Por fin era observada y fuerte.

La nube lloró.
Tiempo más tarde, esos rayos agresivos
se convirtieron en gotas de lluvia.

Lloro porque soltar rayos
solo hizo que la humanidad
odiara más aún los días nublados.

Oro

Ricitos de oro,
cascada de oro.
Ricitos de oro,
cascada de oro.

El oro es eterno.
Ojalá fueras como el oro,
fundido a mí.

Se derrite,
se divide.

Parte del oro
destinado a lugares diferentes.

Es oro, es bonito,
pero aún más estando unido.

El hoyo

Creo que ya no soy humana.

La humanidad está caracterizada por su necesidad de
sobrevivir,
interactuar con el medio y otros seres humanos.

Mis ojos entrecerrados apenas ven los colores.
Es una visión borrosa y gris.

Un día soleado se convierte en un destello de luz
molesto para los ojos.
Un día nublado se convierte en un mundo desalmado
y apocalíptico.

Por ello, me niego a salir,
a ser humana.

Me entierro en
un hoyo con sábanas de algodón,

como un ataúd.

Injusticia

El dolor se deforma con el tiempo.

El corazón pesa. Desea salir como si se encontrara encerrado
en una jaula llena de fuego.
(Ansiedad).

Te encuentras en un río y la cascada eres tú. El agua sale sin
parar de tus ojos de cristal.
(Decepción).

Caes en un pozo oscuro del que sabes que no podrás subir.
(Bloqueo emocional).

Resurges del coma y hay escaleras delante de ti que se
dirigen a un destello de luz blanca.
(Oportunidad).

Aun así, buscas la manera de subir ese pozo lleno de
humedad y las rodillas rojas duelen al intentar trepar.
(Fijación).

Las escaleras tambaleaban mientras su madera crujía, hasta
que cayeron.
(Rechazos).

Diafragma

Yo te veo y todo el resto está fuera de campo,

pero tú me ves e intentas buscar otro sitio donde
enfocar.

MOMENTOS

La primera vez que el karma se vengó

Me acuerdo de mi primer amor,
más que nada porque le acabo de ver al final del
andén del metro.

Cuando llegué nueva a ese colegio,
gustarle a alguien era lo último que me esperaba.

Siempre había sido la niña gordita a la que nunca
hacían caso. Lo sigo siendo, para qué mentirnos.

Pero él no me veía así, le gusté
y le hice daño.
Al principio, le correspondí solo por ver qué se
sentía ser gustable y experimentar sobre la palabra
amor.
Cosas de niños pequeños, supongo.

No funcionó. Él no me gustaba a mí.
Lloró, lloró tanto que hasta su madre se lo dijo a la mía.
Con el tiempo fuimos amigos, muy amigos.
Me hacía reír y yo a él.
Éramos como un equipo.

Poco a poco, fui enamorándome de él.
Le veía con otros ojos. Ya no era conformidad,
era amor.
Pero ya era demasiado tarde.

La lección que aprendí de esto es que todo necesita un
tiempo. Nunca podré gustarle a alguien sin tiempo.

No es el cine, donde la chica especial aparece y él
entrega todo su mundo a sus pies.
El amor es constancia, es encontrar el punto.
Lloré mucho y ahora solo observo esa situación como si
de una moraleja se tratara.

Reformas para el paraíso

De un día para otro, todo cambió. Me hundió la
obsesa idea en la cabeza de que, en este mundo, tan
ideal por naturaleza,
yo tenía que adecuarme a él

¿Cómo iba a dejar que algo tan precioso
como los atardeceres, el mar, los paisajes,
tuviera algo como yo en su presencia?

Es angustioso no merecer estar aquí
porque moriré y nunca más volveré a pisar estas
tierras tan bonitas y llenas de césped brillante.

Me siento como un cuadro precioso que es manchado por ese tipo de desgraciados que se dedican a ensuciar el arte haciendo perder toda la esencia del cuadro.
Bueno, más bien, me siento como la mancha encima del cuadro.

Esta idea no me dejaba dormir por las noches. Sobre todo porque mis sueños se basaban en paisajes de flores y chicas preciosas con sus vestidos color pastel corriendo mientras que el aire les empujaba hacia su idealizado destino.

Decidí tomar una opción.

Colgué mil y un espejos en mi habitación que me observaban y me motivaban.
Mi piel sufrió tóxicos que, al final, la corroían con el tiempo.
Mi pelo creció y el calor acabó por destruirlo al intentar controlarlo.
Mi estómago gritaba pidiendo ayuda, pero los espejos solo me decían que le ignorara para poder absorber lo innecesario.

Todo para parecerme a un paisaje propio de fotografiar.

Limítrofe

La cabeza de esa persona que inunda tu mente a
todas horas.
Una obsesión. Una transformación en nuestra vida.

No todos sienten de la misma manera
Y es completamente imposible descifrar los
pensamientos del sujeto sometido a nuestra locura.
Obsesión.

Se nos ocurren ideas locas para poder atraparle,
cosas que nadie a quien le preguntes te daría su
aprobación. Sin embargo,
para nuestra perturbada percepción obsesiva es
algo precioso, una forma de amar impresionante y
detallista.

♥Mis amorosos agradecimientos♥

primero que todo me agradezco a mi misma,
¿porque?
porque lo he escrito yo y me he expuesto a todos
vosotros para vuestro placer poético

Ahora si, la gente que ha hecho posible este sueño

1- Mi ilustradora, Licia Garcia, que tanto se ha esforzado por hacer que mi librito se acompañe de dibujos que hagan que todo el poemario sea más coqueto

"No había pasado un mes desde que probé por primera vez a dibujar en digital cuando escribí a Marieta a cerca de aquel proyecto que necesitaba ser ilustrado. Por supuesto, no me imaginaba que acabaría siendo yo la que lo hiciera, aunque suene algo cliché.

Y es que, quien me iba a decir a mi, que un regalo de Navidad podría convertirse en una herramienta capaz de abrir puertas. Al conocernos, no fue mucho lo que tardamos ella y yo en ponernos de acuerdo respecto al estilo de dibujo, las ideas principales... y sin darnos cuenta, le estaba dando color al sueño de una poeta. Siempre estaré agradecida con la chica de rosa por brindarme la oportunidad de debutar juntas en el mundo de la literatura y el arte y sobretodo, por animarme como una amiga. Por ello, también debo darme las gracias a mi misma, por seguir adelante aún cuando se me borraban ilustraciones completas en el ordenador y no me sentía capaz de volverlas a empezar.

Desde luego, mil gracias a las personitas de mi al rededor que estaban pendientes de como avanzaba y me preguntaban que cuando podrían tener el libro entre sus manos. Sin ellas, esta aventura se me habría hecho cuesta arriba. Por último pero no menos importante, a mis padres, por comprarme la tableta grafica en la que toma forma "El corazón de Marieta" un libro para soñadores despiertos <3"

2- Mencionada antes, a mi abuela (Fernanda Zabala). escritora, poeta y el origen de toda mi heredada sensibilidad.

3-Mis padres, (Veronica Serra y Ricardo Perez-Olagüe).

Gracias por aguantarme las desgracias y cambios de humor que me hicieron inspirarme en estos poemas, me he dado cuenta de lo mucho que habéis apostado por mi, a pesar de todo. Os quiero
(por cierto y gracias otra vez por financiar este proyecto)

"A mi hija, una de las personas a la que más quiero de este mundo. Desde pequeña siempre fue especial, sensible ,inteligente y con un gran corazón.
"El corazón de Marieta" es solo un reflejo de todo esto. Marieta tiene muchas cosas que contar y mucho tiempo para hacerlo.Con lo luchadora y fuerte que es seguro que lo hará. Maria, tu abuela estaría orgullosa de ti, como lo estoy yo.
Te quiero mucho y adelante con todos tus proyectos futuros, Mama."

"Estoy muy feliz de leer este poemario de Maria mi hija, y lo recomiendo mucho para los que aman la belleza y la bondad. Gracias María. Papa"

4- Mi Tia María. Una persona esencial en cuanto a la motivación para seguir escribiendo. Aún me acuerdo en las cenas de navidad donde recitaba mis poemas y mi tia intentaba analizarlos y comentarlos conmigo. Muy amante de la poesía y de la literatura, como mi abuela y como yo.

Por último pero no lo menos importante....

El origen de todas estas palabras.
-Las personas inspiradas en los poemas-

Vuestro daño y traición hacia mi,
lo he usado en mi favor sacando este poemario.
Siempre se puede sacar algo bueno de lo malo.

escrito con amor, odio, inseguridad y belleza
2023

Índice